Recipe: _____

Serving: _____

Prep: _____

Cook Time: _____

Temperature: _____

Ingredients:

_____
_____
_____
_____
_____
_____
_____
_____
_____
_____
_____
_____
_____
_____
_____
_____
_____
_____

Methods:

_____
_____
_____
_____
_____
_____
_____
_____
_____
_____
_____
_____
_____
_____
_____
_____
_____
_____

Wine Pairing: _____

From the Kitchen of: _____

Recipe: _____

Serving: _____   Prep Time: _____

Cook Time: _____   Temperature: _____

Ingredients: Methods:

_____   _____
_____   _____
_____   _____
_____   _____
_____   _____
_____   _____
_____   _____
_____   _____
_____   _____
_____   _____
_____   _____
_____   _____
_____   _____
_____   _____
_____   _____
_____   _____
_____   _____
_____   _____
_____   _____

Wine Pairing: _____

From the Kitchen of: _____

Recipe:

Serving: _____ Prep Time: _____

Cook Time: _____ Temperature: _____

Ingredients: Methods:

_____ _____
_____ _____
_____ _____
_____ _____
_____ _____
_____ _____
_____ _____
_____ _____
_____ _____
_____ _____
_____ _____
_____ _____
_____ _____
_____ _____
_____ _____
_____ _____
_____ _____
_____ _____

Wine Pairing: _____

From the Kitchen of: _____

Recipe: _____

Serving: _____   Prep Time: _____

Cook Time: _____   Temperature: _____

Ingredients: Methods:

_____   _____
_____   _____
_____   _____
_____   _____
_____   _____
_____   _____
_____   _____
_____   _____
_____   _____
_____   _____
_____   _____
_____   _____
_____   _____
_____   _____
_____   _____
_____   _____
_____   _____

Wine Pairing: _____

From the Kitchen of: _____

Recipe: _____

Serving: _____   Prep Time: _____

Cook Time: _____   Temperature: _____

Ingredients: Methods:

_____   _____
_____   _____
_____   _____
_____   _____
_____   _____
_____   _____
_____   _____
_____   _____
_____   _____
_____   _____
_____   _____
_____   _____
_____   _____
_____   _____
_____   _____
_____   _____
_____   _____
_____   _____

Wine Pairing: _____

From the Kitchen of: _____

Recipe: _____

Serving: _____   Prep Time: _____

Cook Time: _____   Temperature: _____

Ingredients: Methods:

_____   _____
_____   _____
_____   _____
_____   _____
_____   _____
_____   _____
_____   _____
_____   _____
_____   _____
_____   _____
_____   _____
_____   _____
_____   _____
_____   _____
_____   _____
_____   _____

Wine Pairing: _____

From the Kitchen of: _____

Recipe: _____

Serving: _____   Prep Time: _____

Cook Time: _____   Temperature: _____

Ingredients: Methods:

_____   _____
_____   _____
_____   _____
_____   _____
_____   _____
_____   _____
_____   _____
_____   _____
_____   _____
_____   _____
_____   _____
_____   _____
_____   _____
_____   _____
_____   _____
_____   _____
_____   _____

Wine Pairing: _____

From the Kitchen of: _____

Recipe: _____

Serving: _____   Prep Time: _____

Cook Time: _____   Temperature: _____

Ingredients:

_____   Methods:

_____   _____
_____   _____
_____   _____
_____   _____
_____   _____
_____   _____
_____   _____
_____   _____
_____   _____
_____   _____
_____   _____
_____   _____
_____   _____

Wine Pairing: _____

From the Kitchen of: _____

Recipe: _____

Serving: _____ Prep Time: _____

Cook Time: _____ Temperature: _____

Ingredients:

_____
_____
_____
_____
_____
_____
_____
_____
_____
_____
_____
_____
_____
_____
_____
_____
_____
_____

Methods:

_____
_____
_____
_____
_____
_____
_____
_____
_____
_____
_____
_____
_____
_____
_____
_____
_____
_____

Wine Pairing: _____

From the Kitchen of: _____

Recipe: _____

Serving: _____   Prep Time: _____

Cook Time: _____   Temperature: _____

Ingredients:

_____
_____
_____
_____
_____
_____
_____
_____
_____
_____
_____
_____
_____
_____
_____
_____

Methods:

_____
_____
_____
_____
_____
_____
_____
_____
_____
_____
_____
_____
_____
_____
_____
_____

Wine Pairing: _____

From the Kitchen of: _____

Recipe:

Serving: _____   Prep Time: _____

Cook Time: _____   Temperature: _____

Ingredients: Methods:

Wine Pairing: _____

From the Kitchen of: _____

Recipe: _____

Serving: _____   Prep Time: _____

Cook Time: _____   Temperature: _____

Ingredients:

_____

_____

_____

_____

_____

_____

_____

_____

_____

_____

_____

_____

_____

_____

Methods:

_____

_____

_____

_____

_____

_____

_____

_____

_____

_____

_____

_____

_____

_____

Wine Pairing: _____

From the Kitchen of: _____

Recipe:

Serving: Prep Time:

Cook Time: Temperature:

Ingredients: Methods:

Wine Pairing:

From the Kitchen of:

Recipe: _____

Serving: _____   Prep Time: _____

Cook Time: _____   Temperature: _____

Ingredients: Methods:

_____   _____
_____   _____
_____   _____
_____   _____
_____   _____
_____   _____
_____   _____
_____   _____
_____   _____
_____   _____
_____   _____
_____   _____
_____   _____
_____   _____
_____   _____
_____   _____

Wine Pairing: _____

From the Kitchen of: _____

Recipe: _____

Serving: _____   Prep Time: _____

Cook Time: _____   Temperature: _____

Ingredients: Methods:

_____   _____
_____   _____
_____   _____
_____   _____
_____   _____
_____   _____
_____   _____
_____   _____
_____   _____
_____   _____
_____   _____
_____   _____
_____   _____
_____   _____
_____   _____
_____   _____
_____   _____
_____   _____
_____   _____
_____   _____

Wine Pairing: _____

From the Kitchen of: _____

Recipe: _____

Serving: _____   Prep Time: _____

Cook Time: _____   Temperature: _____

Ingredients: Methods:
_____   _____
_____   _____
_____   _____
_____   _____
_____   _____
_____   _____
_____   _____
_____   _____
_____   _____
_____   _____
_____   _____
_____   _____
_____   _____
_____   _____
_____   _____
_____   _____
_____   _____
_____   _____

Wine Pairing: _____

From the Kitchen of: _____

Recipe: _____

Serving: _____   Prep Time: _____

Cook Time: _____   Temperature: _____

Ingredients: Methods:

_____   _____
_____   _____
_____   _____
_____   _____
_____   _____
_____   _____
_____   _____
_____   _____
_____   _____
_____   _____
_____   _____
_____   _____
_____   _____
_____   _____
_____   _____
_____   _____
_____   _____
_____   _____
_____   _____

Wine Pairing: _____

From the Kitchen of: _____

Recipe: _____

Serving: _____   Prep Time: _____

Cook Time: _____   Temperature: _____

Ingredients: Methods:

_____   _____
_____   _____
_____   _____
_____   _____
_____   _____
_____   _____
_____   _____
_____   _____
_____   _____
_____   _____
_____   _____
_____   _____
_____   _____
_____   _____
_____   _____
_____   _____

Wine Pairing: _____

From the Kitchen of: _____

Recipe: _____

Serving: _____   Prep Time: _____

Cook Time: _____   Temperature: _____

Ingredients: Methods:

_____   _____
_____   _____
_____   _____
_____   _____
_____   _____
_____   _____
_____   _____
_____   _____
_____   _____
_____   _____
_____   _____
_____   _____
_____   _____
_____   _____
_____   _____
_____   _____
_____   _____
_____   _____

Wine Pairing: _____

From the Kitchen of: _____

Recipe: _____

Serving: _____   Prep Time: _____

Cook Time: _____   Temperature: _____

Ingredients: Methods:

_____   _____
_____   _____
_____   _____
_____   _____
_____   _____
_____   _____
_____   _____
_____   _____
_____   _____
_____   _____
_____   _____
_____   _____
_____   _____
_____   _____
_____   _____
_____   _____
_____   _____

Wine Pairing: _____

From the Kitchen of: _____

Recipe: _____

Serving: _____   Prep Time: _____

Cook Time: _____   Temperature: _____

Ingredients: | Methods:

Wine Pairing: _____

From the Kitchen of: _____

Recipe: _____

Serving: _____   Prep Time: _____

Cook Time: _____   Temperature: _____

Ingredients: Methods:

_____   _____
_____   _____
_____   _____
_____   _____
_____   _____
_____   _____
_____   _____
_____   _____
_____   _____
_____   _____
_____   _____
_____   _____
_____   _____
_____   _____
_____   _____
_____   _____
_____   _____
_____   _____
_____   _____

Wine Pairing: _____

From the Kitchen of: _____

Recipe: _____

Serving: _____   Prep Time: _____

Cook Time: _____   Temperature: _____

Ingredients: Methods:

_____   _____
_____   _____
_____   _____
_____   _____
_____   _____
_____   _____
_____   _____
_____   _____
_____   _____
_____   _____
_____   _____
_____   _____
_____   _____
_____   _____
_____   _____
_____   _____
_____   _____

Wine Pairing: _____

From the Kitchen of: _____

Recipe: _____

Serving: _____   Prep Time: _____

Cook Time: _____   Temperature: _____

Ingredients: Methods:
_____   _____
_____   _____
_____   _____
_____   _____
_____   _____
_____   _____
_____   _____
_____   _____
_____   _____
_____   _____
_____   _____
_____   _____
_____   _____
_____   _____
_____   _____
_____   _____
_____   _____
_____   _____
_____   _____

Wine Pairing: _____

From the Kitchen of: _____

Recipe: _____

Serving: _____   Prep Time: _____

Cook Time: _____   Temperature: _____

Ingredients: Methods:

_____   _____

_____   _____

_____   _____

_____   _____

_____   _____

_____   _____

_____   _____

_____   _____

_____   _____

_____   _____

_____   _____

_____   _____

_____   _____

_____   _____

_____   _____

_____   _____

Wine Pairing: _____

From the Kitchen of: _____

Recipe: _____

Serving: _____   Prep Time: _____

Cook Time: _____   Temperature: _____

Ingredients: Methods:

_____   _____
_____   _____
_____   _____
_____   _____
_____   _____
_____   _____
_____   _____
_____   _____
_____   _____
_____   _____
_____   _____
_____   _____
_____   _____
_____   _____
_____   _____
_____   _____
_____   _____
_____   _____
_____   _____

Wine Pairing: _____

From the Kitchen of: _____

Recipe: _____

Serving: _____   Prep Time: _____

Cook Time: _____   Temperature: _____

Ingredients: Methods:

_____   _____
_____   _____
_____   _____
_____   _____
_____   _____
_____   _____
_____   _____
_____   _____
_____   _____
_____   _____
_____   _____
_____   _____
_____   _____
_____   _____
_____   _____
_____   _____
_____   _____
_____   _____

Wine Pairing: _____

From the Kitchen of: _____

Recipe: _____

Serving: _____   Prep Time: _____

Cook Time: _____   Temperature: _____

Ingredients: Methods:

_____   _____
_____   _____
_____   _____
_____   _____
_____   _____
_____   _____
_____   _____
_____   _____
_____   _____
_____   _____
_____   _____
_____   _____
_____   _____
_____   _____
_____   _____
_____   _____

Wine Pairing: _____

From the Kitchen of: _____

Recipe:

Serving: _____ Prep Time: _____

Cook Time: _____ Temperature: _____

Ingredients:

_____

_____

_____

_____

_____

_____

_____

_____

_____

_____

_____

_____

_____

_____

_____

_____

Methods:

_____

_____

_____

_____

_____

_____

_____

_____

_____

_____

_____

_____

_____

_____

_____

_____

Wine Pairing: _____

From the Kitchen of: _____

Recipe: _____

Serving: _____ Prep Time: _____

Cook Time: _____ Temperature: _____

Ingredients:

_____
_____
_____
_____
_____
_____
_____
_____
_____
_____
_____
_____
_____
_____
_____
_____
_____
_____

Methods:

_____
_____
_____
_____
_____
_____
_____
_____
_____
_____
_____
_____
_____
_____
_____
_____
_____
_____

Wine Pairing: _____

From the Kitchen of: _____

Recipe: _____

Serving: _____   Prep Time: _____

Cook Time: _____   Temperature: _____

Ingredients: Methods:

_____   _____
_____   _____
_____   _____
_____   _____
_____   _____
_____   _____
_____   _____
_____   _____
_____   _____
_____   _____
_____   _____
_____   _____
_____   _____
_____   _____
_____   _____
_____   _____

Wine Pairing: _____

From the Kitchen of: _____

Recipe: _____

Serving: _____ Prep Time: _____

Cook Time: _____ Temperature: _____

Ingredients:

_____
_____
_____
_____
_____
_____
_____
_____
_____
_____
_____
_____
_____
_____
_____
_____

Methods:

_____
_____
_____
_____
_____
_____
_____
_____
_____
_____
_____
_____
_____
_____
_____
_____

Wine Pairing: _____

From the Kitchen of: _____

Recipe: _____

Serving: _____   Prep Time: _____

Cook Time: _____   Temperature: _____

Ingredients: Methods:
_____   _____
_____   _____
_____   _____
_____   _____
_____   _____
_____   _____
_____   _____
_____   _____
_____   _____
_____   _____
_____   _____
_____   _____
_____   _____
_____   _____
_____   _____
_____   _____
_____   _____
_____   _____
_____   _____
_____   _____
_____   _____

Wine Pairing: _____

From the Kitchen of: _____

Recipe: _____

Serving: _____   Prep Time: _____

Cook Time: _____   Temperature: _____

Ingredients:

_____

_____

_____

_____

_____

_____

_____

_____

_____

_____

_____

_____

_____

_____

_____

Methods:

_____

_____

_____

_____

_____

_____

_____

_____

_____

_____

_____

_____

_____

_____

_____

Wine Pairing: _____

From the Kitchen of: _____

Recipe: _____

Serving: _____   Prep Time: _____

Cook Time: _____   Temperature: _____

Ingredients: Methods:

_____   _____
_____   _____
_____   _____
_____   _____
_____   _____
_____   _____
_____   _____
_____   _____
_____   _____
_____   _____
_____   _____
_____   _____
_____   _____
_____   _____
_____   _____
_____   _____
_____   _____

Wine Pairing: _____

From the Kitchen of: _____

Recipe: _____

Serving: _____ Prep Time: _____

Cook Time: _____ Temperature: _____

Ingredients: Methods:

_____ _____
_____ _____

_____ _____
_____ _____
_____ _____
_____ _____
_____ _____
_____ _____
_____ _____
_____ _____
_____ _____
_____ _____
_____ _____
_____ _____
_____ _____

Wine Pairing: _____

From the Kitchen of: _____

Recipe: _____

Serving: _____   Prep Time: _____

Cook Time: _____   Temperature: _____

Ingredients: Methods:

_____   _____
_____   _____
_____   _____
_____   _____
_____   _____
_____   _____
_____   _____
_____   _____
_____   _____
_____   _____
_____   _____
_____   _____
_____   _____
_____   _____
_____   _____
_____   _____

Wine Pairing: _____

From the Kitchen of: _____

Recipe: _____

Serving: _____   Prep Time: _____

Cook Time: _____   Temperature: _____

Ingredients: Methods:

_____   _____
_____   _____
_____   _____
_____   _____
_____   _____
_____   _____
_____   _____
_____   _____
_____   _____
_____   _____
_____   _____
_____   _____
_____   _____
_____   _____
_____   _____

Wine Pairing: _____

From the Kitchen of: _____

Recipe: _____

Serving: _____   Prep Time: _____

Cook Time: _____   Temperature: _____

Ingredients:

_____
_____
_____
_____
_____
_____
_____
_____
_____
_____
_____
_____
_____
_____
_____
_____

Methods:

_____
_____
_____
_____
_____
_____
_____
_____
_____
_____
_____
_____
_____
_____
_____
_____

Wine Pairing: _____

From the Kitchen of: _____

Recipe: _____

Serving: _____   Prep Time: _____

Cook Time: _____   Temperature: _____

Ingredients: _____

Methods: _____

Wine Pairing: _____

From the Kitchen of: _____

Recipe: _____

Serving: _____   Prep Time: _____

Cook Time: _____   Temperature: _____

Ingredients:

_____

_____

_____

_____

_____

_____

_____

_____

_____

_____

_____

_____

_____

_____

_____

Methods:

_____

_____

_____

_____

_____

_____

_____

_____

_____

_____

_____

_____

_____

_____

_____

Wine Pairing: _____

From the Kitchen of: _____

Recipe: _____

Serving: _____   Prep Time: _____

Cook Time: _____   Temperature: _____

Ingredients: Methods:
_____   _____
_____   _____
_____   _____
_____   _____
_____   _____
_____   _____
_____   _____
_____   _____
_____   _____
_____   _____
_____   _____
_____   _____
_____   _____
_____   _____
_____   _____
_____   _____
_____   _____

Wine Pairing: _____

From the Kitchen of: _____

Recipe: _____

Serving: _____   Prep Time: _____

Cook Time: _____   Temperature: _____

Ingredients: Methods:

_____   _____
_____   _____
_____   _____
_____   _____
_____   _____
_____   _____
_____   _____
_____   _____
_____   _____
_____   _____
_____   _____
_____   _____
_____   _____
_____   _____
_____   _____
_____   _____
_____   _____
_____   _____

Wine Pairing: _____

From the Kitchen of: _____

Recipe: _____

Serving: _____   Prep Time: _____

Cook Time: _____   Temperature: _____

Ingredients:

_____
_____
_____
_____
_____
_____
_____
_____
_____
_____
_____
_____
_____
_____
_____

Methods:

_____
_____
_____
_____
_____
_____
_____
_____
_____
_____
_____
_____
_____
_____
_____

Wine Pairing: _____

From the Kitchen of: _____

Recipe: _____

Serving: _____   Prep Time: _____

Cook Time: _____   Temperature: _____

Ingredients: Methods:

_____   _____
_____   _____
_____   _____
_____   _____
_____   _____
_____   _____
_____   _____
_____   _____
_____   _____
_____   _____
_____   _____
_____   _____
_____   _____
_____   _____
_____   _____
_____   _____
_____   _____

Wine Pairing: _____

From the Kitchen of: _____

Recipe: _____

Serving: _____   Prep Time: _____

Cook Time: _____   Temperature: _____

Ingredients: Methods:

_____   _____
_____   _____

_____   _____
_____   _____
_____   _____
_____   _____
_____   _____
_____   _____
_____   _____
_____   _____
_____   _____
_____   _____
_____   _____
_____   _____
_____   _____
_____   _____

Wine Pairing: _____

From the Kitchen of: _____

Recipe: _____

Serving: _____   Prep Time: _____

Cook Time: _____   Temperature: _____

Ingredients:

_____
_____
_____
_____
_____
_____
_____
_____
_____
_____
_____
_____
_____
_____
_____
_____

Methods:

_____
_____
_____
_____
_____
_____
_____
_____
_____
_____
_____
_____
_____
_____
_____
_____

Wine Pairing: _____

From the Kitchen of: _____

Recipe: _____

Serving: _____   Prep Time: _____

Cook Time: _____   Temperature: _____

Ingredients: Methods:
_____   _____
_____   _____

_____   _____
_____   _____
_____   _____
_____   _____
_____   _____
_____   _____
_____   _____
_____   _____
_____   _____
_____   _____
_____   _____
_____   _____
_____   _____
_____   _____
_____   _____

Wine Pairing: _____

From the Kitchen of: _____

Recipe: _____

Serving: _____   Prep Time: _____

Cook Time: _____   Temperature: _____

Ingredients: Methods:

_____   _____
_____   _____
_____   _____
_____   _____
_____   _____
_____   _____
_____   _____
_____   _____
_____   _____
_____   _____
_____   _____
_____   _____
_____   _____
_____   _____
_____   _____
_____   _____
_____   _____

Wine Pairing: _____

From the Kitchen of: _____

Recipe: _____

Serving: _____ Prep Time: _____

Cook Time: _____ Temperature: _____

Ingredients: Methods:

_____ _____
_____ _____
_____ _____
_____ _____
_____ _____
_____ _____
_____ _____
_____ _____
_____ _____
_____ _____
_____ _____
_____ _____
_____ _____
_____ _____
_____ _____
_____ _____
_____ _____

Wine Pairing: _____

From the Kitchen of: _____

Recipe: _____

Serving: _____   Prep Time: _____

Cook Time: _____   Temperature: _____

Ingredients: Methods:

_____   _____
_____   _____
_____   _____
_____   _____
_____   _____
_____   _____
_____   _____
_____   _____
_____   _____
_____   _____
_____   _____
_____   _____
_____   _____
_____   _____
_____   _____
_____   _____
_____   _____
_____   _____

Wine Pairing: _____

From the Kitchen of: _____

Recipe: _____

Serving: _____   Prep Time: _____

Cook Time: _____   Temperature: _____

Ingredients: Methods:

_____   _____
_____   _____
_____   _____
_____   _____
_____   _____
_____   _____
_____   _____
_____   _____
_____   _____
_____   _____
_____   _____
_____   _____
_____   _____
_____   _____
_____   _____
_____   _____
_____   _____
_____   _____

Wine Pairing: _____

From the Kitchen of: _____

Recipe: _____

Serving: _____   Prep Time: _____

Cook Time: _____   Temperature: _____

Ingredients: Methods:

_____   _____
_____   _____
_____   _____
_____   _____
_____   _____
_____   _____
_____   _____
_____   _____
_____   _____
_____   _____
_____   _____
_____   _____
_____   _____
_____   _____
_____   _____
_____   _____
_____   _____
_____   _____

Wine Pairing: _____

From the Kitchen of: _____

Recipe: _____

Serving: _____   Prep Time: _____

Cook Time: _____   Temperature: _____

Ingredients: Methods:

_____   _____
_____   _____
_____   _____
_____   _____
_____   _____
_____   _____
_____   _____
_____   _____
_____   _____
_____   _____
_____   _____
_____   _____
_____   _____
_____   _____
_____   _____

Wine Pairing: _____

From the Kitchen of: _____

Recipe: _____

Serving: _____   Prep Time: _____

Cook Time: _____   Temperature: _____

Ingredients: Methods:

_____   _____
_____   _____
_____   _____
_____   _____
_____   _____
_____   _____
_____   _____
_____   _____
_____   _____
_____   _____
_____   _____
_____   _____
_____   _____
_____   _____
_____   _____
_____   _____
_____   _____

Wine Pairing: _____

From the Kitchen of: _____

Recipe: _____

Serving: _____   Prep Time: _____

Cook Time: _____   Temperature: _____

Ingredients: Methods:

_____   _____
_____   _____
_____   _____
_____   _____
_____   _____
_____   _____
_____   _____
_____   _____
_____   _____
_____   _____
_____   _____
_____   _____
_____   _____
_____   _____
_____   _____

Wine Pairing: _____

From the Kitchen of: _____

Recipe: _____

Serving: _____   Prep Time: _____

Cook Time: _____   Temperature: _____

Ingredients: Methods:

_____   _____
_____   _____
_____   _____
_____   _____
_____   _____
_____   _____
_____   _____
_____   _____
_____   _____
_____   _____
_____   _____
_____   _____
_____   _____
_____   _____
_____   _____
_____   _____
_____   _____
_____   _____

Wine Pairing: _____

From the Kitchen of: _____

Recipe: _____

Serving: _____   Prep Time: _____

Cook Time: _____   Temperature: _____

Ingredients: _____   Methods: _____

_____   _____
_____   _____
_____   _____
_____   _____
_____   _____
_____   _____
_____   _____
_____   _____
_____   _____
_____   _____
_____   _____
_____   _____
_____   _____
_____   _____
_____   _____
_____   _____
_____   _____

Wine Pairing: _____

From the Kitchen of: _____

Recipe:

Serving: _____   Prep Time: _____

Cook Time: _____   Temperature: _____

Ingredients: Methods:

_____   _____
_____   _____
_____   _____
_____   _____
_____   _____
_____   _____
_____   _____
_____   _____
_____   _____
_____   _____
_____   _____
_____   _____
_____   _____
_____   _____
_____   _____
_____   _____

Wine Pairing: _____

From the Kitchen of: _____

Recipe: _____

Serving: _____   Prep Time: _____

Cook Time: _____   Temperature: _____

Ingredients:

_____
_____
_____
_____
_____
_____
_____
_____
_____
_____
_____
_____
_____
_____
_____
_____
_____

Methods:

_____
_____
_____
_____
_____
_____
_____
_____
_____
_____
_____
_____
_____
_____
_____
_____
_____

Wine Pairing: _____

From the Kitchen of: _____

Recipe: _____

Serving: _____   Prep Time: _____

Cook Time: _____   Temperature: _____

Ingredients: Methods:
_____   _____
_____   _____
_____   _____
_____   _____
_____   _____
_____   _____
_____   _____
_____   _____
_____   _____
_____   _____
_____   _____
_____   _____
_____   _____
_____   _____
_____   _____
_____   _____
_____   _____
_____   _____

Wine Pairing: _____

From the Kitchen of: _____

Recipe: _____

Serving: _____   Prep Time: _____

Cook Time: _____   Temperature: _____

Ingredients: Methods:

_____   _____
_____   _____
_____   _____
_____   _____
_____   _____
_____   _____
_____   _____
_____   _____
_____   _____
_____   _____
_____   _____
_____   _____
_____   _____
_____   _____
_____   _____
_____   _____
_____   _____
_____   _____

Wine Pairing: _____

From the Kitchen of: _____

Recipe: _____

Serving: _____   Prep Time: _____

Cook Time: _____   Temperature: _____

Ingredients: Methods:

_____   _____
_____   _____
_____   _____
_____   _____
_____   _____
_____   _____
_____   _____
_____   _____
_____   _____
_____   _____
_____   _____
_____   _____
_____   _____
_____   _____
_____   _____
_____   _____
_____   _____

Wine Pairing: _____

From the Kitchen of: _____

Recipe: _____

Serving: _____   Prep Time: _____

Cook Time: _____   Temperature: _____

Ingredients: Methods:
_____   _____
_____   _____
_____   _____
_____   _____
_____   _____
_____   _____
_____   _____
_____   _____
_____   _____
_____   _____
_____   _____
_____   _____
_____   _____
_____   _____
_____   _____
_____   _____
_____   _____

Wine Pairing: _____

From the Kitchen of: _____

Recipe: _____

Serving: _____   Prep Time: _____

Cook Time: _____   Temperature: _____

Ingredients:

_____
_____
_____
_____
_____
_____
_____
_____
_____
_____
_____
_____
_____
_____
_____
_____
_____

Methods:

_____
_____
_____
_____
_____
_____
_____
_____
_____
_____
_____
_____
_____
_____
_____
_____
_____

Wine Pairing: _____

From the Kitchen of: _____

Recipe: _____

Serving: _____   Prep Time: _____

Cook Time: _____   Temperature: _____

Ingredients: Methods:

_____   _____
_____   _____
_____   _____
_____   _____
_____   _____
_____   _____
_____   _____
_____   _____
_____   _____
_____   _____
_____   _____
_____   _____
_____   _____
_____   _____
_____   _____
_____   _____
_____   _____
_____   _____

Wine Pairing: _____

From the Kitchen of: _____

Recipe: _____

Serving: _____   Prep Time: _____

Cook Time: _____   Temperature: _____

Ingredients: Methods:

_____   _____
_____   _____
_____   _____
_____   _____
_____   _____
_____   _____
_____   _____
_____   _____
_____   _____
_____   _____
_____   _____
_____   _____
_____   _____
_____   _____
_____   _____
_____   _____
_____   _____
_____   _____

Wine Pairing: _____

From the Kitchen of: _____

Recipe: _____

Serving: _____   Prep Time: _____

Cook Time: _____   Temperature: _____

Ingredients: Methods:

Recipe: _____

Serving: _____   Prep Time: _____

Cook Time: _____   Temperature: _____

Ingredients: Methods:
_____   _____
_____   _____
_____   _____
_____   _____
_____   _____
_____   _____
_____   _____
_____   _____
_____   _____
_____   _____
_____   _____
_____   _____
_____   _____
_____   _____
_____   _____
_____   _____
_____   _____
_____   _____

Wine Pairing: _____

From the Kitchen of: _____

Recipe: _____

Serving: _____   Prep Time: _____

Cook Time: _____   Temperature: _____

Ingredients: Methods:

_____   _____
_____   _____
_____   _____
_____   _____
_____   _____
_____   _____
_____   _____
_____   _____
_____   _____
_____   _____
_____   _____
_____   _____
_____   _____
_____   _____
_____   _____
_____   _____
_____   _____

Wine Pairing: _____

From the Kitchen of: _____

Recipe:

Serving: _____   Prep Time: _____

Cook Time: _____   Temperature: _____

Ingredients: Methods:

_____   _____
_____   _____
_____   _____
_____   _____
_____   _____
_____   _____
_____   _____
_____   _____
_____   _____
_____   _____
_____   _____
_____   _____
_____   _____
_____   _____
_____   _____
_____   _____
_____   _____

Wine Pairing: _____

From the Kitchen of: _____

Recipe: _____

Serving: _____   Prep Time: _____

Cook Time: _____   Temperature: _____

Ingredients: Methods:

_____   _____
_____   _____
_____   _____
_____   _____
_____   _____
_____   _____
_____   _____
_____   _____
_____   _____
_____   _____
_____   _____
_____   _____
_____   _____
_____   _____
_____   _____

Wine Pairing: _____

From the Kitchen of: _____

Recipe: _____

Serving: _____   Prep Time: _____

Cook Time: _____   Temperature: _____

Ingredients: Methods:

Recipe:

Serving: Prep Time:

Cook Time: Temperature:

Ingredients: Methods:

Wine Pairing:

From the Kitchen of:

Recipe: _____

Serving: _____ Prep Time: _____

Cook Time: _____ Temperature: _____

Ingredients: Methods:

_____   _____
_____   _____
_____   _____
_____   _____
_____   _____
_____   _____
_____   _____
_____   _____
_____   _____
_____   _____
_____   _____
_____   _____
_____   _____
_____   _____
_____   _____
_____   _____

Wine Pairing: _____

From the Kitchen of: _____

Recipe: _____

Serving: _____   Prep Time: _____

Cook Time: _____   Temperature: _____

Ingredients:

_____
_____
_____
_____
_____
_____
_____
_____
_____
_____
_____
_____
_____

Methods:

_____
_____
_____
_____
_____
_____
_____
_____
_____
_____
_____
_____
_____

Wine Pairing: _____

From the Kitchen of: _____

Recipe:

Serving: _____   Prep Time: _____

Cook Time: _____   Temperature: _____

Ingredients: Methods:

_____   _____
_____   _____
_____   _____
_____   _____
_____   _____
_____   _____
_____   _____
_____   _____
_____   _____
_____   _____
_____   _____
_____   _____
_____   _____
_____   _____
_____   _____
_____   _____

Wine Pairing: _____

From the Kitchen of: _____

Recipe: _____

Serving: _____   Prep Time: _____

Cook Time: _____   Temperature: _____

Ingredients: Methods:

_____   _____
_____   _____
_____   _____
_____   _____
_____   _____
_____   _____
_____   _____
_____   _____
_____   _____
_____   _____
_____   _____
_____   _____
_____   _____
_____   _____

Wine Pairing: _____

From the Kitchen of: _____

Recipe: _____

Serving: _____   Prep Time: _____

Cook Time: _____   Temperature: _____

Ingredients: Methods:
_____   _____
_____   _____
_____   _____
_____   _____
_____   _____
_____   _____
_____   _____
_____   _____
_____   _____
_____   _____
_____   _____
_____   _____
_____   _____
_____   _____
_____   _____
_____   _____

Wine Pairing: _____

From the Kitchen of: _____

Recipe: _____

Serving: _____   Prep Time: _____

Cook Time: _____   Temperature: _____

Ingredients: Methods:

_____   _____
_____   _____
_____   _____
_____   _____
_____   _____
_____   _____
_____   _____
_____   _____
_____   _____
_____   _____
_____   _____
_____   _____
_____   _____
_____   _____
_____   _____
_____   _____
_____   _____

Wine Pairing: _____

From the Kitchen of: _____

Recipe: _____

Serving: _____ Prep Time: _____

Cook Time: _____ Temperature: _____

Ingredients: Methods:

_____ _____
_____ _____
_____ _____
_____ _____
_____ _____
_____ _____
_____ _____
_____ _____
_____ _____
_____ _____
_____ _____
_____ _____
_____ _____
_____ _____
_____ _____
_____ _____
_____ _____

Wine Pairing: _____

From the Kitchen of: _____

Recipe: _____

Serving: _____   Prep Time: _____

Cook Time: _____   Temperature: _____

Ingredients:

_____
_____
_____
_____
_____
_____
_____
_____
_____
_____
_____
_____
_____
_____
_____
_____

Methods:

_____
_____
_____
_____
_____
_____
_____
_____
_____
_____
_____
_____
_____
_____
_____
_____

Wine Pairing: _____

From the Kitchen of: _____

Recipe: _____

Serving: _____   Prep Time: _____

Cook Time: _____   Temperature: _____

Ingredients: Methods:

_____   _____
_____   _____
_____   _____
_____   _____
_____   _____
_____   _____
_____   _____
_____   _____
_____   _____
_____   _____
_____   _____
_____   _____
_____   _____
_____   _____
_____   _____
_____   _____

Wine Pairing: _____

From the Kitchen of: _____

Recipe: _____

Serving: _____   Prep Time: _____

Cook Time: _____   Temperature: _____

Ingredients: Methods:

_____   _____
_____   _____
_____   _____
_____   _____
_____   _____
_____   _____
_____   _____
_____   _____
_____   _____
_____   _____
_____   _____
_____   _____
_____   _____
_____   _____
_____   _____
_____   _____
_____   _____
_____   _____

Wine Pairing: _____

From the Kitchen of: _____

Recipe:

Serving: Prep Time:

Cook Time: Temperature:

Ingredients: Methods:

Wine Pairing:

From the Kitchen of:

Recipe: _____

Serving: _____   Prep Time: _____

Cook Time: _____   Temperature: _____

Ingredients: Methods:
_____   _____
_____   _____

_____   _____
_____   _____
_____   _____
_____   _____
_____   _____
_____   _____
_____   _____
_____   _____
_____   _____
_____   _____
_____   _____
_____   _____
_____   _____
_____   _____
_____   _____

Wine Pairing: _____

From the Kitchen of: _____

Recipe: _____

Serving: _____   Prep Time: _____

Cook Time: _____   Temperature: _____

Ingredients: Methods:
_____   _____
_____   _____
_____   _____
_____   _____
_____   _____
_____   _____
_____   _____
_____   _____
_____   _____
_____   _____
_____   _____
_____   _____
_____   _____
_____   _____
_____   _____
_____   _____
_____   _____

Wine Pairing: _____

From the Kitchen of: _____

Recipe: _____

Serving: _____   Prep Time: _____

Cook Time: _____   Temperature: _____

Ingredients:
_____

_____

_____

_____

_____

_____

_____

_____

_____

_____

_____

_____

_____

_____

Methods:
_____

_____

_____

_____

_____

_____

_____

_____

_____

_____

_____

_____

_____

_____

Wine Pairing: _____

From the Kitchen of: _____

Recipe: _____

Serving: _____ Prep Time: _____

Cook Time: _____ Temperature: _____

Ingredients:

_____
_____
_____
_____
_____
_____
_____
_____
_____
_____
_____
_____
_____
_____
_____
_____
_____

Methods:

_____
_____
_____
_____
_____
_____
_____
_____
_____
_____
_____
_____
_____
_____
_____
_____
_____

Wine Pairing: _____

From the Kitchen of: _____

Recipe: _____

Serving: _____   Prep Time: _____

Cook Time: _____   Temperature: _____

Ingredients: Methods:
_____   _____
_____   _____
_____   _____
_____   _____
_____   _____
_____   _____
_____   _____
_____   _____
_____   _____
_____   _____
_____   _____
_____   _____
_____   _____
_____   _____

Wine Pairing: _____

From the Kitchen of: _____

Recipe: _____

Serving: _____   Prep Time: _____

Cook Time: _____   Temperature: _____

Ingredients: Methods:

_____   _____
_____   _____
_____   _____
_____   _____
_____   _____
_____   _____
_____   _____
_____   _____
_____   _____
_____   _____
_____   _____
_____   _____
_____   _____
_____   _____
_____   _____
_____   _____

Wine Pairing: _____

From the Kitchen of: _____

Recipe: _____

Serving: _____   Prep Time: _____

Cook Time: _____   Temperature: _____

Ingredients: Methods:

Recipe: _____

Serving: _____   Prep Time: _____

Cook Time: _____   Temperature: _____

Ingredients: Methods:

_____   _____
_____   _____
_____   _____
_____   _____
_____   _____
_____   _____
_____   _____
_____   _____
_____   _____
_____   _____
_____   _____
_____   _____
_____   _____
_____   _____
_____   _____
_____   _____

Wine Pairing: _____

From the Kitchen of: _____

Recipe: _____

Serving: _____ Prep Time: _____

Cook Time: _____ Temperature: _____

Ingredients: Methods:

Recipe: _____

Serving: _____   Prep Time: _____

Cook Time: _____   Temperature: _____

Ingredients:

_____

_____

_____

_____

_____

_____

_____

_____

_____

_____

_____

_____

_____

_____

_____

_____

_____

Methods:

_____

_____

_____

_____

_____

_____

_____

_____

_____

_____

_____

_____

_____

_____

_____

_____

_____

Wine Pairing: _____

From the Kitchen of: _____

Recipe: _____

Serving: _____   Prep Time: _____

Cook Time: _____   Temperature: _____

Ingredients:

_____

_____

Methods:

_____

_____

Wine Pairing: _____

From the Kitchen of: _____

Recipe: _____

Serving: _____   Prep Time: _____

Cook Time: _____   Temperature: _____

Ingredients: Methods:
_____   _____
_____   _____
_____   _____
_____   _____
_____   _____
_____   _____
_____   _____
_____   _____
_____   _____
_____   _____
_____   _____
_____   _____
_____   _____
_____   _____
_____   _____
_____   _____
_____   _____
_____   _____

Wine Pairing: _____

From the Kitchen of: _____

Recipe: _____

Serving: _____   Prep Time: _____

Cook Time: _____   Temperature: _____

Ingredients: Methods:

_____   _____
_____   _____
_____   _____
_____   _____
_____   _____
_____   _____
_____   _____
_____   _____
_____   _____
_____   _____
_____   _____
_____   _____
_____   _____
_____   _____
_____   _____
_____   _____
_____   _____

Wine Pairing: _____

From the Kitchen of: _____

Recipe: _____

Serving: _____   Prep Time: _____

Cook Time: _____   Temperature: _____

Ingredients: Methods:
_____   _____
_____   _____
_____   _____
_____   _____
_____   _____
_____   _____
_____   _____
_____   _____
_____   _____
_____   _____
_____   _____
_____   _____
_____   _____
_____   _____
_____   _____
_____   _____
_____   _____
_____   _____

Wine Pairing: _____

From the Kitchen of: _____

Recipe: _____

Serving: _____   Prep Time: _____

Cook Time: _____   Temperature: _____

Ingredients: Methods:
_____   _____
_____   _____
_____   _____
_____   _____
_____   _____
_____   _____
_____   _____
_____   _____
_____   _____
_____   _____
_____   _____
_____   _____
_____   _____
_____   _____
_____   _____
_____   _____
_____   _____

Wine Pairing: _____

From the Kitchen of: _____

Recipe: _____

Serving: _____   Prep Time: _____

Cook Time: _____   Temperature: _____

Ingredients: Methods:

_____   _____
_____   _____
_____   _____
_____   _____
_____   _____
_____   _____
_____   _____
_____   _____
_____   _____
_____   _____
_____   _____
_____   _____
_____   _____
_____   _____
_____   _____
_____   _____

Wine Pairing: _____

From the Kitchen of: _____

Recipe: _____

Serving: _____ Prep Time: _____

Cook Time: _____ Temperature: _____

Ingredients:

_____
_____
_____
_____
_____
_____
_____
_____
_____
_____
_____
_____
_____

Methods:

_____
_____
_____
_____
_____
_____
_____
_____
_____
_____
_____
_____
_____

Wine Pairing: _____

From the Kitchen of: _____

Recipe: _____

Serving: _____   Prep Time: _____

Cook Time: _____   Temperature: _____

Ingredients: Methods:

_____   _____
_____   _____
_____   _____
_____   _____
_____   _____
_____   _____
_____   _____
_____   _____
_____   _____
_____   _____
_____   _____
_____   _____
_____   _____
_____   _____
_____   _____
_____   _____
_____   _____

Wine Pairing: _____

From the Kitchen of: _____

Recipe: _____

Serving: _____   Prep Time: _____

Cook Time: _____   Temperature: _____

Ingredients: Methods:

_____   _____
_____   _____
_____   _____
_____   _____
_____   _____
_____   _____
_____   _____
_____   _____
_____   _____
_____   _____
_____   _____
_____   _____
_____   _____
_____   _____
_____   _____
_____   _____

Wine Pairing: _____

From the Kitchen of: _____

Recipe:

Serving: _____ Prep Time: _____

Cook Time: _____ Temperature: _____

Ingredients: Methods:

Wine Pairing: _____

From the Kitchen of: _____

Recipe: _____

Serving: _____   Prep Time: _____

Cook Time: _____   Temperature: _____

Ingredients:

_____
_____
_____
_____
_____
_____
_____
_____
_____
_____
_____
_____
_____
_____
_____

Methods:

_____
_____
_____
_____
_____
_____
_____
_____
_____
_____
_____
_____
_____
_____
_____

Wine Pairing: _____

From the Kitchen of: _____

Recipe: _____

Serving: _____ Prep Time: _____

Cook Time: _____ Temperature: _____

Ingredients:

_____
_____
_____
_____
_____
_____
_____
_____
_____
_____
_____
_____
_____
_____
_____
_____

Methods:

_____
_____
_____
_____
_____
_____
_____
_____
_____
_____
_____
_____
_____
_____
_____
_____

Wine Pairing: _____

From the Kitchen of: _____

Recipe: _____

Serving: _____   Prep Time: _____

Cook Time: _____   Temperature: _____

Ingredients: Methods:

_____   _____
_____   _____
_____   _____
_____   _____
_____   _____
_____   _____
_____   _____
_____   _____
_____   _____
_____   _____
_____   _____
_____   _____
_____   _____
_____   _____
_____   _____
_____   _____
_____   _____
_____   _____
_____   _____

Wine Pairing: _____

From the Kitchen of: _____

Recipe: _____

Serving: _____   Prep Time: _____

Cook Time: _____   Temperature: _____

Ingredients: Methods:

_____   _____
_____   _____
_____   _____
_____   _____
_____   _____
_____   _____
_____   _____
_____   _____
_____   _____
_____   _____
_____   _____
_____   _____
_____   _____
_____   _____
_____   _____
_____   _____

Wine Pairing: _____

From the Kitchen of: _____

Recipe: _____

Serving: _____   Prep Time: _____

Cook Time: _____   Temperature: _____

Ingredients: Methods:

_____   _____
_____   _____
_____   _____
_____   _____
_____   _____
_____   _____
_____   _____
_____   _____
_____   _____
_____   _____
_____   _____
_____   _____
_____   _____
_____   _____
_____   _____
_____   _____
_____   _____

Wine Pairing: _____

From the Kitchen of: _____

Recipe: _____

Serving: _____   Prep Time: _____

Cook Time: _____   Temperature: _____

Ingredients: Methods:

_____   _____
_____   _____
_____   _____
_____   _____
_____   _____
_____   _____
_____   _____
_____   _____
_____   _____
_____   _____
_____   _____
_____   _____
_____   _____
_____   _____
_____   _____
_____   _____
_____   _____

Wine Pairing: _____

From the Kitchen of: _____

Recipe: _____

Serving: _____ Prep Time: _____

Cook Time: _____ Temperature: _____

Ingredients:

_____
_____
_____
_____
_____
_____
_____
_____
_____
_____
_____
_____
_____
_____
_____

Methods:

_____
_____
_____
_____
_____
_____
_____
_____
_____
_____
_____
_____
_____
_____
_____

Wine Pairing: _____

From the Kitchen of: _____

Recipe: _____

Serving: _____   Prep Time: _____

Cook Time: _____   Temperature: _____

Ingredients: Methods:

Wine Pairing: _____

From the Kitchen of: _____

Recipe: _____

Serving: _____   Prep Time: _____

Cook Time: _____   Temperature: _____

Ingredients: Methods:
_____   _____
_____   _____
_____   _____
_____   _____
_____   _____
_____   _____
_____   _____
_____   _____
_____   _____
_____   _____
_____   _____
_____   _____
_____   _____
_____   _____
_____   _____
_____   _____
_____   _____
_____   _____
_____   _____
_____   _____

Wine Pairing: _____

From the Kitchen of: _____

Recipe: _____

Serving: _____ Prep Time: _____

Cook Time: _____ Temperature: _____

Ingredients: Methods:

_____ _____
_____ _____
_____ _____
_____ _____
_____ _____
_____ _____
_____ _____
_____ _____
_____ _____
_____ _____
_____ _____
_____ _____
_____ _____
_____ _____
_____ _____
_____ _____

Wine Pairing: _____

From the Kitchen of: _____

Recipe: _____

Serving: _____   Prep Time: _____

Cook Time: _____   Temperature: _____

Ingredients: Methods:
_____   _____
_____   _____
_____   _____
_____   _____
_____   _____
_____   _____
_____   _____
_____   _____
_____   _____
_____   _____
_____   _____
_____   _____
_____   _____
_____   _____
_____   _____
_____   _____
_____   _____

Wine Pairing: _____

From the Kitchen of: _____

Manufactured by Amazon.ca
Bolton, ON

41938450R00068